São José

O homem simples que aceitou a missão de ser pai do Filho de Deus

COLEÇÃO SANTOS DA NOSSA VIDA

São José

O homem simples que aceitou a missão
de ser pai do Filho de Deus

petra

Petra Editora
Rua Nova Jerusalém, 345 – Bonsucesso – 21042-235
Rio de Janeiro – RJ – Brasil
Tel.: (21) 3882-8200 – Fax: (21) 3882-8212/8313

CPI-Brasil. Catalogação na publicação
Sindicato Nacional dos Editores de Livros, RJ

S24
São José: o homem simples que aceitou a missão de ser pai do Filho de Deus. – Rio de Janeiro: Petra Editora, 2016.
80 p.: il.

ISBN 9788582780428

1. José, Santo. 2. Santos católicos – História. 3. Cristianismo. I. Título.
16-29858 CDD: 232.932
CDU: 27-312.45

15/01/2016 15/01/2016

Sumário

Renata Sedmakova / Shutterstock

As origens de são José

São José está acima de todos os santos, exceto de Maria. Teve a Virgem como esposa, teve a graça de ensinar seu ofício a Jesus, morreu nos braços de ambos... Ainda assim, não há registro de nenhuma palavra saída de sua boca.

Tampouco há um grande número de informações a seu respeito nas Escrituras. Sabemos que era "justo", isto é, perfeito e santo. Sabemos que foi carpinteiro. Mas o que mais? Onde teria nascido? Quem pertenceria à sua família?

Nada conhecemos ao certo. É bem provável que tenha nascido e passado a juventude em Nazaré, aldeiazinha sem muita relevância, em que trabalhava quando noivou com Nossa Senhora. São Mateus nos diz que o pai de José teve como nome Jacó; são Lucas, que o pai era Heli. Não é possível ter certeza desse ponto, pois os documentos sobre a vida de José são escassos. A diferença entre os evangelistas, porém, não deve nos desconcertar. Havia à época uma lei chamada "lei do levirato", segundo a qual, se um homem casado morresse e não deixasse filhos, seu parente mais próximo deveria esposar a viúva, a fim de que ela não ficasse desamparada. Heli seria, portanto, seu pai legal, e Jacó, seu pai natural.

Mas há uma origem mais gloriosa para são José, uma origem que tem ares sobrenaturais e, portanto, é muito mais importante. Os judeus tinham como dever conservar o registro de seus antepassados; assim, podiam determinar a que família cada um pertencia. No Evangelho, quando o anjo lhe aparece em sonho, chama-o de "José, filho de Davi". Tanto Mateus quanto Lucas trazem genealogias que colocam o pai adotivo de Jesus na linhagem do famoso rei hebreu. José é da linhagem de Davi e Salomão, duas figuras que haviam representado a grandeza do povo judaico. Também pertenciam à sua família nomes de enorme importância do passado bíblico: Josafá, Avaz, Ezequias, Jaboão, Zorobabel, Acaz...

Roberto Mussi / Shutterstock

Estátua de são José; praça da Catedral, em Florença, Itália.

Um historiador romano e pagão chamado Flávio Josefo nos diz que quase todos os judeus aprendiam a ler e a escrever. Afinal, toda a sua fé se baseava nas Escrituras. José, portanto, sendo homem justo, deve ter refletido muito sobre as origens majestosas de sua linhagem. Deve ter ouvido bastante sobre seus antepassados na sinagoga e, sem dúvida, sabia que para sua família fora prometido o Salvador.

Só que José vivia numa aldeiazinha pobre, exercendo uma profissão humilde. Em nada sua vida lembrava à dos grandes reis que figuravam em sua árvore genealógica. De fato, os descendentes de Davi haviam caído em ruína desde o exílio na Babilônia. E uma vez que José não se gabava de suas origens e passava sua vida dedicando-se a Deus no trabalho de sua oficina, poucos diriam que seria ele o guardião do esperado Messias.

JOSÉ VIVIA NUMA ALDEIAZINHA POBRE, EXERCENDO UMA PROFISSÃO HUMILDE

Hoje sabemos que muitos personagens e muitas passagens do Antigo Testamento podem ser prefigurações desse humilde carpinteiro. Muitos o veem na figura de Noé, responsável por receber a pomba que, trazendo consigo um ramo verde, anunciava o fim do dilúvio – a pomba, no caso, seria Maria, que deu à luz o responsável por encerrar os tormentos do mundo. Também vemos algo de José no manso Moisés, sobretudo quando se diz que Deus o tinha como confidente. Ele é, ainda, comparado a Davi, por causa de sua piedade e fidelidade.

No entanto, acompanhando os primeiros teólogos da Igreja, papas como Pio IX e Leão XIII viram em outro personagem da história da salvação uma imagem mais plena de são José. Trata-se de uma figura que leva o mesmo nome e que é encon-

Zvonimir Atletic / Shutterstock

São José com o Menino Jesus.

PELA NOBREZA DE SEU SANGUE E DE SUA ALMA, JOSÉ ESTAVA APTO A CUIDAR DE JESUS, O REI DOS REIS

Renata Sedmakova / Shutterstock

Pintura da aparição do anjo, em sonho, a são José; igreja Santa Ana, em Jerusalém, Israel.

trada no livro do Gênesis: José, mais conhecido como José do Egito. Ambos são caracterizados por sua "justiça", isto é, por sua santidade elevada. Tampouco ambos se gabaram da missão que Deus lhes havia confiado: ser ministro do faraó, no caso do primeiro, e ser guardião de Cristo, no caso do segundo. Além disso, tanto um como o outro tiveram de fugir para o Egito: o José do Antigo Testamento, porque fora perseguido pelos próprios irmãos e vendido como escravo; e são José, porque Herodes desejava matar o Menino Jesus. José do Egito teve ainda, como dom, a interpretação dos sonhos, enquanto foi em sonhos que o esposo de Maria recebeu as diretrizes de Deus.

Pela nobreza de seu sangue e de sua alma, José estava apto a cuidar de Jesus, o Rei dos Reis; pela humildade e simplicidade com que vivia, correspondeu à pequenez com que esse mesmo Rei quis vir ao mundo.

São José, esposo de Maria

Do mesmo modo como não sabemos muito sobre as origens de são José, não temos como saber ao certo os detalhes de seu matrimônio com Maria. Das Escrituras, sabemos apenas que era seu esposo, que um anjo o tinha animado a tomar a Virgem como sua mulher, e que os esponsais, isto é, a promessa de casamento, ocorreram antes de o anjo Gabriel anunciar à Maria que Deus a queria como mãe do Salvador.

Assim como José, Maria era da linhagem de Davi. Segundo os sacerdotes, os pais da jovem e a tradição das famílias, uma descendente de Davi deveria ter um marido de mesmo parentesco. Sem dúvida, a Providência agiu para que aquelas duas almas se encontrassem. José, justo como era, confiava plenamente na vontade de Deus que se manifestava naquela promessa de matrimônio. Casar-se com Maria, que certamente já era reconhecida

Renata Sedmakova / Shutterstock

Pintura de são José, por Anna Maria von Oer; altar lateral da igreja Sagrado Coração, em Viena, Áustria.

por sua pureza, deve ter sido motivo de grande alegria para aquele carpinteiro também puro e casto.

No mundo judaico, os esponsais eram precedidos por negociações que se assemelhavam a acordos comerciais. Consistiam numa espécie de contrato que determinava a contribuição de cada parte. Fiéis como eram à tradição de seus antepassados, José e Maria muito provavelmente se submeteram a esse costume. A cerimônia, porém, ninguém sabe onde se realizou: pode ter sido em Jerusalém, onde a família de Maria tinha casa, ou em Nazaré. De todo modo, é possível imaginar como as coisas teriam se desdobrado. Se foram fiéis aos costumes, José usou uma túnica e um manto; Maria lhe deu a mão e recebeu, do futuro esposo, uma aliança e a promessa de que ela se uniria a ele diante de Deus, segundo o rito de Moisés; em seguida, José lhe entregou o contrato e seu dote.

Embora não constituíssem o casamento propriamente dito, uma vez que o casal ainda não se unia debaixo do mesmo teto, os esponsais já garantiam a relação matrimonial e a fidelidade de ambos. José, portanto, já pertencia a Maria, e Maria, a José. A própria Bíblia já fala da mulher prometida como "esposa" do noivo. Desse modo, se a noiva cometesse algum ato de adultério, poderia ser submetida ao apedrejamento; se perdesse o companheiro, seria viúva; e assim por diante.

Sabemos que Maria era jovem: devia ter em torno de 15 e 16 anos. Mas e quanto a José? Muitos artistas costumam representá-lo idoso, com semblante severo – mas seria isso verdade?

A MAIORIA DOS TEÓLOGOS, PORÉM, ACREDITA QUE TIVESSE IDADE VIRIL: ENTRE TRINTA E QUARENTA ANOS

Muito provavelmente não. Para que José pudesse ser pai adotivo de Jesus sem escandalizar a sociedade, ocultando com perfeição o mistério da Encarnação, seria preciso que ele possuísse vigor. Também deveria ter idade que lhe possibilitasse cuidar da Virgem Maria e zelar por ela. De fato, muitos ícones do cristianismo primitivo o representam ainda moço; alguns não o trazem sequer com barba. A maioria dos teólogos, porém, acredita que tivesse idade viril: entre trinta e quarenta anos.

Foi no período anterior ao casamento que o anjo Gabriel apareceu para Maria e lhe anunciou que a jovem seria a mãe do Salvador. Como sabemos, ela partiu logo em seguida para a casa de sua prima Isabel, onde passaria três meses. Não se sabe se José a acompanhou pelo caminho, mas é certo que não esteve na casa de Isabel, pois nesse caso descobriria que Maria já trazia em seu ventre o Menino Jesus.

Quando a Virgem retornou a Nazaré, já tinha em si os sinais exteriores da gravidez. O quão surpreendido não deve ter ficado são José! Que prova de confiança! Ainda assim, apesar do silêncio de Maria, o marido não duvidou da esposa. Em vez de levá-la aos tribunais e sujeitá-la ao apedrejamento, confiou na pureza da jovem e, para não manchar a honra da Virgem, optou por abandoná-la em segredo; nobre como era, preferia ver sobre si a fama de alguém que não cumpria suas promessas.

Porém, antes que pudesse partir, o anjo lhe aparece e lhe diz, segundo o Evangelho de são Mateus: "José, filho de Davi,

Renata Sedmakova / Shutterstock

Pintura do casamento de são José com a Virgem Maria, por Giuseppe Valeriano; igreja de Santa Maria em Vallicella, em Roma, Itália.

O QUÃO PRIVILEGIADO NÃO DEVERIA SE SENTIR AQUELE HUMILDE CARPINTEIRO?

não temas receber Maria por esposa, pois o que nela foi concebido vem do Espírito Santo". Assim o carpinteiro pôde ficar tranquilo. Deveria concretizar o casamento e dar ao menino o nome de Jesus.

Um padre francês descreveu como teria se dado a cerimônia das núpcias. Maria, sem dúvidas, usou as vestes de costume, trazendo uma túnica colorida e, por cima dela, um grande manto que a cobria de alto a baixo. Sob esse véu, havia uma coroa dourada. Ao anoitecer, seria conduzida à casa do noivo, tendo diante de si um grupo de donzelas que portavam lâmpadas ou ramos de murta, que eram balançados sobre a jovem. José, trajando branco, ficou à espera de Maria à porta de sua casa, tendo em cima da cabeça um brocado de ouro. Uma vez juntos, trocaram as alianças, sentaram-se debaixo de uma armação ornamentada e estofada que se voltava para Jerusalém, relembraram o contrato que já haviam celebrado nos esponsais e, por fim, beberam de um mesmo cálice, que seria despedaçado em seguida para recordar-lhes de que deveriam viver juntos não somente as alegrias, mas também as tristezas. Um banquete deve ter se seguido e durado dias e dias.

Desse momento em diante, José e Maria, ambos da linhagem de Davi, eram marido e mulher. Estava preparada a chegada do Salvador. O quão privilegiado não deveria se sentir aquele humilde carpinteiro?

Pintura dos esponsais de são José com a Virgem Maria, por Girolamo Tessari; capela de Santa Maria da Caridade da igreja de São Francisco Grande, em Pádua, Itália.

Renata Sedmakova / Shutterstock

São José, o trabalhador

No Oriente, era costume que as casas tivessem forma quadrada. A quem contemplasse o horizonte de Nazaré, elas se ergueriam de maneira humilde, revestidas de pedra e pintadas de branco. Já no térreo, alguns quartos abrigavam seus habitantes. Num pátio externo, onde se encontrava o forno, uma escada com poucos degraus conduzia a um pequeno terraço.

A casa da Sagrada Família deve ter seguido esse modelo tão comum. Ali perto, como era costume, provavelmente se encontrava a oficina de José, na qual ele praticava a profissão que havia escolhido aos doze anos, quando enfim se tornara "filho da Lei" e se obrigara a observar as obrigações legais e rituais da tradição de Moisés.

As Escrituras – de modo particular, são Mateus e são Marcos – designam a profissão de são José com um termo que

Renata Sedmakova / Shutterstock

Vitral de são José; igreja de Santo Antônio, em Lovaina, Bélgica.

poderia ser traduzido como "artesão" ou "operário", mas a tradição registrou que o esposo de Maria trabalhava com madeira. Portanto, era carpinteiro, homem de mãos calejadas, de tímpanos marcados pelo som de marteladas, de serras, de lixas, das plainas, do cordel... Como seus colegas de profissão, José devia trazer, atrás da orelha, uma pequena apara de madeira. Trabalhar com as mãos era, para os judeus, uma forma de receber as bênçãos divinas. Poderia haver artesão mais abençoado do que José?

No entanto, naquela aldeiazinha humilde em que morava, seria impossível se especializar. Muito provavelmente, José precisaria também mexer com ferro e com lenha. Seria, portanto, uma espécie de "faz-tudo", fabricando móveis, consertando instrumentos, manejando pequenas construções e retificando os utensílios do dia a dia de tanta gente. Seria essa, também, a profissão de Jesus, que, ao lado de José, começaria a assumir uma parte dura da condição humana: precisaria suar, ferir os ouvidos com os ruídos, calejar as mãos... em suma, ganhar com grande esforço e dificuldade o pão de cada dia, como nós.

PODERIA HAVER ARTESÃO MAIS ABENÇOADO DO QUE JOSÉ?

Homem manso, José conhecia sua profissão como ninguém. Trabalhar e rezar se convertiam, nele, numa coisa só. Era entre as tábuas que ele encontrava Deus. Com que carinho esse homem não deveria trabalhar? E que reputação não conquistava ao tratar bem seus clientes, ao esmerar-se em cada detalhe, ao ser honesto no preço e ao cumprir pontualmente seus prazos?

Afresco da Sagrada Família na carpintaria, por Josef Kastner; igreja dos Carmelitas, em Viena, Áustria.

Renata Sedmakova / Shutterstock

São José, pai adotivo de Jesus

Quando já estava próximo do nascimento do Menino Jesus, um mensageiro veio pelas ruas de Nazaré para anunciar que Augusto, o imperador, havia solicitado um novo recenseamento da população. Cada um precisaria registrar-se na terra natal da própria família, onde encontravam-se os registros de seus antepassados. José e Maria teriam de ir a Belém.

A viagem deve ter sido incômoda: durante quatro ou cinco dias, percorrendo cerca de 120 quilômetros, o casal teve de enfrentar um inverno penoso. E mesmo em Belém as coisas não devem ter sido tão fáceis: a cidade certamente estava repleta de estrangeiros, e todos conhecemos a dificuldade que José teve ao procurar abrigo para sua esposa grávida: "Não havia lugar para eles na hospedaria", diz-nos o Evangelho de são Lucas.

EggHeadPhoto / Shutterstock

Vitral de são José com a Virgem Maria e o Menino Jesus; catedral de Coutances, na Normandia, França.

José, então, encontrou pousada numa grutinha que servia de estábulo para animais e também, provavelmente, de morada temporária para mendigos. Não havia outra possibilidade. Seria ali, num local escuro, úmido e miserável, numa pequena cama de palha, que viria ao mundo o Salvador.

Só podemos imaginar a grandiosidade desse nascimento. Com que alegria José não teria tomado o Menino das mãos de sua puríssima esposa? Se Eva tinha dado a maçã a Adão, agora Maria dava ao esposo o fruto de seu ventre. Só José foi testemunha desse momento incomparável. Como não deveria palpitar seu coração ao se ajoelhar diante daquele bebê semelhante a todos os outros, mas no qual se ocultava o próprio Deus? E que mistério não

Escultura de são José com o Menino Jesus.

fotogiunta / Shutterstock

deve lhe ter invadido o coração quando, meses depois, chegaram os Magos para adorar o Menino?

Mas a vida de José foi sempre uma vida de submissão a Deus. Ao saber que havia nascido um Menino-Rei, o rei Herodes se sentiu ameaçado e mandou matar todos os meninos com menos de dois anos de idade. Para preservar Jesus, mais uma vez o anjo aparece a José e lhe diz: "Levanta-te, toma o menino e sua mãe e foge para o

COM QUE ALEGRIA JOSÉ NÃO TERIA TOMADO O MENINO DAS MÃOS DE SUA PURÍSSIMA ESPOSA?

Vitral com a cena do nascimento do Menino Jesus, por F. Zettler; igreja de Santa Gertrude, em Estocolmo, Suécia.

jorisvo / Shutterstock

Egito; fica lá até que eu te avise, porque Herodes vai procurar o menino para o matar" (Mateus 2, 13).

No Egito, a vida da Sagrada Família certamente foi difícil. Como são José haveria de trabalhar? Que tipos de trabalho executaria? Ali, não fosse a confiança em Deus, eles teriam se sentido isolados e desamparados.

Não se sabe quanto tempo os três permaneceram em terras egípcias. Tudo o que as Escrituras nos dizem é que, uma vez morto Herodes, José soube pelo anjo que deveria retornar a Israel. Então, uma vez em Nazaré, têm início os chamados "anos ocultos" que precederam a missão pública de Jesus.

Renata Sedmakova / Shutterstock

Sagrada Família na carpintaria de são José; altar lateral da igreja dos Jesuítas, em Trnava, Eslováquia.

Durante esse período, Cristo teve com são José a relação que teria com o próprio Deus: Ele o obedeceria em tudo. "Era-lhes submisso", diz-nos a Bíblia. O chefe da família orientava seus passos, ensinava-lhe o ofício de carpinteiro, instruía-lhe nas orações... A humildade do Senhor em submeter-se a José só revela a enorme dignidade de seu pai na Terra.

Podemos imaginar Jesus crescido, convivendo dia após dia com José em meio às toras de madeira, aos instrumentos de trabalho. Podemos ver as crianças da vizinhança visitando sua oficina e brincando com o pequeno Deus. Podemos ver o Menino atento aos movimentos do pai adotivo, aprendendo as sutilezas do ofício. Podemos ver, ainda, o orgulho nos olhos de José ao ver que aquele garotinho ia crescendo e, logo, já trabalhava melhor do que ele.

A tradição sugere que são José já tinha morrido quando começou a missão pública de Jesus. Mas quantas coisas ele não terá visto na intimidade daquela casa em Nazaré? Com exceção de Maria, quem teve mais intimidade com o Senhor? Com Cristo, José partilhou a mesa, as orações, o trabalho, o lar...

Renata Sedmakova / Shutterstock

A morte de são José

Como em todos os aspectos de sua vida, também não é possível conhecer bem as circunstâncias da morte de são José. A partir da Bíblia, pode-se concluir que o pai adotivo de Jesus faleceu antes ou no início da vida pública do Messias: não o encontramos no famoso episódio das bodas de Caná, por exemplo, nem aos pés da Cruz, ao lado de Maria e são João.

O que podemos imaginar sobre sua morte? Se ele tinha idade próxima à da Virgem e faleceu antes da vida pública de Cristo, deve ter morrido com menos de sessenta anos – ou seja: não foi uma morte por velhice. Teria adoecido? Teria passado para a eternidade em circunstâncias extraordinárias? Só podemos dar palpites. De todo modo, sua vida inteira foi dedicada ao cumprimento da vontade de Deus, sobretudo após o anúncio de que seria o pai adotivo do Menino Jesus. Nada mais justo e humilde, portanto, que se retirasse assim que Cristo deixasse de necessitar de um guardião. Cristo deveria brilhar sozinho. Por isso, até a morte de são José é, para nós, um exemplo de humildade.

Portanto, são José não pôde presenciar os milagres que Cristo faria no meio do povo. Mas haveria necessidade? Em seu leito de morte, de quantas coisas aquele homem não se lembraria? Quantas graças não daria a Deus por tudo o que Ele havia lhe proporcionado, pela responsabilidade de ter sob seus cuidados o próprio Salvador? Ele havia ensinado Cristo a andar, a trabalhar... Que emoção não sentiria ao refletir sobre tudo o que tinha visto ao lado da Virgem Maria?

E foi precisamente na companhia de Jesus e Maria que José entregou sua vida a Deus pela última vez. O Messias e a Virgem

Renata Sedmakova / Shutterstock

Vitral com a cena da morte de são José; igreja de Santa Catarina, em Mechelen, Bélgica.

Renata Sedmakova / Shutterstock

Pintura da morte de são José, por Francesco Polazzo; catedral de Bérgamo, Itália.

fecharam seus olhos, lavaram seu corpo e perfumaram aquele que, dia após dia, havia lhes dedicado toda a vida. Se Jesus choraria a morte de seu primo Lázaro, quantas lágrimas não derramou ao ver ali, morto, aquele que havia sido seu pai na Terra?

Como era de costume, depois do sepultamento, Jesus e Maria devem ter passado oito dias com as portas de seu lar abertas a quem quisesse lhes manifestar condolências. Podemos imaginar quantos elogios a José não foram ali ouvidos, quantos agradecimentos... Com que gratidão o próprio Deus não pensou em José naquela ocasião? E quantas coisas boas a seu respeito não saíram da boca da própria Mãe de Jesus?

ATÉ A MORTE DE SÃO JOSÉ É PARA NÓS UM EXEMPLO DE HUMILDADE

A importância e o exemplo de são José

Quando Deus deseja que alguém dê conta de determinada missão, oferece-lhe todas as graças necessárias para que ela seja cumprida. Depois de Maria, que levou Cristo no próprio ventre, ninguém teve missão tão importante quanto José. Aquele simples e humilde carpinteiro de Nazaré passou grande parte da vida ao lado da Virgem e do Salvador, servindo-lhes de guardião. Não houve, além de Maria, santo tão importante quanto são José. Ele foi maior que todos os apóstolos, foi maior que todos os profetas.

Quantas graças esse homem não recebeu apenas por conviver e escutar Nossa Senhora? E ao meditar sobre os passos e o mistério daquele Menino que se desenvolvia diante de seus olhos? Como não deve ter crescido em santidade e em perfeição?

Renata Sedmakova / Shutterstock

Sagrada Família; igreja de Viena, Áustria.

Por muitas razões, são José é modelo para todos os cristãos. Em primeiro lugar, destacou-se por sua obediência à vontade de Deus. Tudo o que Deus lhe pediu, José fez: aceitou Maria como esposa, assumiu o Menino, partiu para Belém, foi ao Egito, voltou a Nazaré... Como um garotinho dócil, nunca questionou seu Criador, nunca pediu explicações, nunca se rebelou, nunca fez corpo mole... Mesmo com tantos motivos, José nunca duvidou ou desanimou.

ELE SABIA QUE IMPORTA MAIS SER DO QUE PARECER

A obediência, porém, só é possível para quem é humilde o bastante para saber que deve tudo a Deus, que a vontade divina é o que há de melhor, que sem Deus nossas vontades e nossos desejos tendem para o egoísmo. E quantos motivos não tinha José para ser orgulhoso e vaidoso! Deus lhe havia confiado o próprio Filho, o Salvador da humanidade! Também lhe havia dado como esposa uma jovem pura e santa, de coração imaculado... Nem mesmo isso o fez se sentir melhor do que os outros homens. Ele sabia que importa mais ser do que parecer.

E há mais: aquele humilde carpinteiro não cumpriu a vontade de Deus apenas com docilidade e humildade: ele também tinha uma paz de espírito e uma confiança que só poderiam vir de uma vida de oração intensa, na qual escutava a voz do Senhor e reunia forças para agir. Em dias como os nossos, em que vivemos em meio a tantos barulhos, ruídos, preocupações e cobranças, o quanto não nos ensina o silêncio e a meditação de José? Não temos, também nós, de encontrar esse

Detalhe da Sagrada Família em grande afresco, por Josef Kastner; igreja dos Carmelitas, em Viena, Áustria.

silêncio e essa voz de Deus em nosso cotidiano, em nossa vida profissional, do mesmo modo como fazia José? Somente assim conseguiremos ter a mesma docilidade e a mesma humildade do pai adotivo de Jesus. Somente assim conseguiremos viver uma vida dedicada inteiramente ao próximo, como Deus quer.

Só que todas essas características de são José não fizeram com que ele fosse um homem passivo. Ele não foi alguém que se isolou do mundo. Viveu com os outros homens, trabalhou com os outros homens, conversou com os outros homens. Sua profissão, muito comum, exigia que estivesse sempre com as pessoas. Porém, o modo como se comportava era reflexo de sua vida contemplativa, de sua rotina de oração, de seu diálogo constante com Deus. Sua vida era iluminada pelo Criador, e, por isso, as preocupações, os prazos e as exigências em nada afetavam sua relação com Ele. Era de Deus que José retirava forças para trabalhar com nobreza e justiça, para praticar em tudo a virtude. Não devemos seguir esse mesmo caminho em cada uma de nossas ocupações?

Afresco que retrata a fuga da Sagrada Família para o Egito, por Pietro Gagliardi; basílica de Santo Agostinho, em Roma, Itália.

Zvonimir Atletic / Shutterstock

A devoção a são José

A vida de são José foi, do início ao fim, uma vida muito discreta. Mesmo após receber a missão de ser pai adotivo do Salvador, ele permaneceu no silêncio, sem querer ofuscar, por um instante que fosse, a glória que cabia ao Menino e sua Mãe.

A devoção a esse humilde carpinteiro seguiu um caminho semelhante: somente aos poucos, discretamente, é que o culto a são José foi tomando forma. É verdade que os primeiros cristãos não desconheciam sua grandeza: em catacumbas, é possível ver algumas representações de José ao lado de sua esposa e Jesus. Porém, por se tratar de uma época de perseguições ferrenhas aos cristãos, o culto aos mártires, a João Batista e aos apóstolos acabou ganhando mais destaque só no início do cristianismo. Muitos santos dessa época só viriam a ser reconhecidos no futuro.

Até o século V, autores cristãos importantes escreveram sobre são José e exaltaram suas virtudes, como são Justino, Orígenes,

Escultura da Sagrada Família, por Hugo Zanonni; igreja de São Tomás, em Verona, Itália.

Renata Sedmakova / Shutterstock

santo Atanásio, são João Crisóstomo, santo Ambrósio, são Jerônimo, santo Agostinho, são João Damasceno, são Bernardo... No século IV, santa Helena, mãe do imperador Constantino, construiu em Belém o primeiro templo dedicado ao pai adotivo de Nosso Senhor.

No século XII, são Bernardo já começava a retratar são José como um santo sem comparação. No entanto, foi só a partir do século XIV que seu culto começou a tomar a dimensão que possui hoje. Dois grandes teólogos da Universidade de Paris, a mais

Zvonimir Atletic / Shutterstock

Pintura que retrata o nascimento de Jesus, por Jacopo del Sellaio; Strossmayer Gallery of Old Masters, da Academia Croata de Ciências e Artes, em Zagreb, Croácia.

importante da época, se dedicaram a revelar a grandeza do pai de Cristo na Terra. Seus tratados e discursos, muitos deles proferidos diante de membros importantes da hierarquia da Igreja, fizeram crescer a admiração pelo carpinteiro de Nazaré. No século XVI, a maior defensora de seu culto começa a difundir a devoção: santa Teresa d'Ávila. "Nunca recorri a são José sem ser atendida", declarou ela. Não se sabe o que seria do culto ao santo sem a atuação de Teresa d'Ávila. A 13 mosteiros que fundou, ela deu o nome de são José. Quando a santa foi beatificada, em 1614, deram a esses mosteiros o nome dela, mas a própria Teresa apareceu à madre Isabel de Santo Domingo para pedir-lhe que voltassem atrás na decisão.

No século XVII, muitos países escolheram são José como patrono. O papa Gregório XV determinou que sua festa deveria ser adotada na Igreja inteira. Pouco mais de um século após a morte de Gregório, Bento XIII incluiu o nome de são José na Ladainha de Todos os Santos, que rezamos até hoje. Em 1870, atendendo a súplicas que vinham sendo feitas há séculos, Pio IX coroou a devoção a são José, declarando-o padroeiro de

"NUNCA RECORRI A SÃO JOSÉ SEM SER ATENDIDA"

Oratório de São José do Monte Royal, em Montreal, a maior igreja do Canadá.

toda a Igreja. Em 1889, Leão XIII publicou um dos textos mais importantes sobre o santo, a encíclica *Quamquam pluries*. Desde então, não se viu papa que não nutrisse pelo pai adotivo de Jesus um carinho especial.

Mas para que devemos recorrer a são José? São Francisco de Sales, santa Teresa e santo Afonso dizem que são José tem remédios para todos os males do corpo e da alma. Se Jesus e Maria tiveram por ele tanto respeito na Terra, devem tê-lo também no Céu. Ainda assim, por causa da vida que levou e da missão que lhe foi confiada, são José oferece alento especial a algumas pessoas.

Por ter morrido nos braços de Jesus e Maria, são José é padroeiro dos agonizantes e da boa morte. Devemos recorrer diariamente a ele para que tenhamos a graça de perseverar na fé e na fidelidade a Deus até o último segundo de nossas vidas, para que possamos entrar no Céu e gozar da alegria que só o Criador nos pode dar.

Além disso, José foi operário. Com o suor do próprio rosto e os calos das mãos, ganhava o pão de cada dia para Maria e o

Menino Jesus. Portanto, ele é modelo também para os trabalhadores. Recorramos a ele todos os dias, sobretudo antes de iniciarmos nossas tarefas profissionais. Os carpinteiros o têm ainda como padroeiro.

Não é preciso dizer que, por sua dedicação a Cristo e Maria, José é o pai ideal, uma sombra do pai celeste. Por esse motivo, todos os pais cristãos devem pedir seu auxílio e se deixar inspirar pela sua fidelidade, sua dedicação e sua confiança em Deus. Além de padroeiro dos pais, são José é padroeiro também das famílias. Houve família tão formosa quanto aquela que ele chefiou na aldeiazinha de Nazaré?

Estátua de são José ao lado do Menino Jesus; igreja do Sagrado Coração de Jesus, em São Paulo, Brasil.

MarcusVDT / Shutterstock

Renata Sedmakova / Shutterstock

Renata Sedmakova / Shutterstock

meunierd / Shutterstock

Nancy Bauer / Shutterstock

Tiberiu Stan / Shutterstock

Nancy Bauer / Shutterstock

thaagoon / Shutterstock

As sete dores e alegrias de são José

A Igreja tem o piedoso costume de recordar e rezar as sete dores e as sete alegrias de são José. Em geral, essa prática é realizada nos sete domingos que antecedem o dia do santo, em 19 de março, mas também é possível fazê-la ao longo de todo o ano. É uma ótima maneira de conhecer mais sobre são José e de refletir sobre alguns mistérios da Salvação segundo o olhar daquele que teve a missão de cuidar de Jesus e Maria.

1. José nota a gravidez de Maria e teme ter de abandoná-la. Um anjo, porém, aparece-lhe em sonho e lhe diz que a Virgem havia concebido do Espírito Santo.

Renata Sedmakova / Shutterstock

Eis como nasceu Jesus Cristo: Maria, sua mãe, estava desposada com José. Antes de coabitarem, aconteceu que ela concebeu por virtude do Espírito Santo. José, seu esposo, que era homem de bem, não querendo difamá-la, resolveu rejeitá-la secretamente. Enquanto assim pensava, eis que um anjo do Senhor lhe apareceu em sonhos e lhe disse: "José, filho de Davi, não temas receber Maria por esposa, pois o que nela foi concebido vem do Espírito Santo. Ela dará à luz um filho, a quem porás o nome de Jesus, porque ele salvará o seu povo de seus pecados". (Mateus 1, 18-21)

2. José não encontra hospedagem em Belém e vê Cristo nascer na pobreza de uma manjedoura. Sua dor se converte em alegria tão logo contempla o Menino Jesus e os louvores que a Ele são dedicados.

thaagoon / Shutterstock

Também José subiu da Galileia, da cidade de Nazaré, à Judeia, à Cidade de Davi, chamada Belém, porque era da casa e família de Davi, para se alistar com sua esposa Maria, que estava grávida. Estando eles ali, completaram-se os dias dela. E deu à luz seu filho primogênito, e, envolvendo-o em faixas, reclinou-o num presépio, porque não havia lugar para eles na hospedaria. Havia nos arredores uns pastores, que vigiavam e guardavam seu rebanho nos campos durante as vigílias da noite. Um anjo do Senhor apareceu-lhes e a glória do Senhor refulgiu ao redor deles, e tiveram grande temor. O anjo disse-lhes: "Não temais, eis que vos anuncio uma boa nova que será alegria para todo o povo: hoje vos nasceu na Cidade de Davi um Salvador, que é o Cristo Senhor. Isto vos servirá de sinal: achareis um recém-nascido envolto em faixas e posto numa manjedoura". E subitamente ao anjo se juntou uma multidão do exército celeste, que louvava a Deus e dizia: "Glória a Deus no mais alto dos céus...". (Lucas 2, 4-14)

3. José precisa circuncidar com as próprias mãos o Menino, de acordo com a tradição judaica. No entanto, enche-o de felicidade colocar-lhe o nome de Jesus, como o anjo de Deus havia pedido.

Renata Sedmakova / Shutterstock

Completados que foram os oito dias para ser circuncidado o menino, foi-lhe posto o nome de Jesus, como lhe tinha chamado o anjo, antes de ser concebido no seio materno. (Lucas 2, 21)

4. Simeão profetiza que Jesus e Maria sofreriam no futuro. Ao mesmo tempo, o profeta anuncia que Cristo será causa de salvação para muitos.

Tiberiu Stan / Shutterstock

E tendo os pais apresentado o Menino Jesus, para cumprirem a respeito dele os preceitos da lei, Simeão tomou-o em seus braços e louvou a Deus nestes termos: "Agora, Senhor, deixai o vosso servo ir em paz, segundo a vossa palavra. Porque os meus olhos viram a vossa salvação que preparastes diante de todos os povos, como luz para iluminar as nações, e para a glória de vosso povo de Israel". Seu pai e sua mãe estavam admirados das coisas que dele se diziam. Simeão abençoou-os e disse a Maria, sua mãe: "Eis que este menino está destinado a ser uma causa de queda e de soerguimento para muitos homens em Israel e a ser um sinal que provocará contradições, a fim de serem revelados os pensamentos de muitos corações. E uma espada transpassará a tua alma". (Lucas 2, 27-35)

5. José precisa fugir para o Egito com o Menino Jesus e Maria, sua esposa. Sua dor se torna alegria quando descobre que Herodes, perseguidor de Cristo, havia falecido.

meunierd / Shutterstock

Um anjo do Senhor apareceu em sonhos a José e disse: "Levanta-te, toma o menino e sua mãe e foge para o Egito; fica lá até que eu te avise, porque Herodes vai procurar o menino para o matar". José levantou-se durante a noite, tomou o menino e sua mãe e partiu para o Egito. Ali permaneceu até a morte de Herodes, para que se cumprisse o que o Senhor dissera pelo profeta: "Eu chamei do Egito meu filho". (Mateus 2, 13-15)

6. Ao partir para Israel, José descobre que o filho de Herodes reinava na região e fica com medo. Ao mesmo tempo, é tomado de alegria ao se estabelecer em Nazaré com a Virgem Maria e o Menino Jesus.

Nancy Bauer / Shutterstock

José levantou-se, tomou o menino e sua mãe e foi para a terra de Israel. Ao ouvir, porém, que Arquelau reinava na Judeia, em lugar de seu pai Herodes, não ousou ir para lá. Avisado divinamente em sonhos, retirou-se para a província da Galileia e veio habitar na cidade de Nazaré para que se cumprisse o que foi dito pelos profetas: "Será chamado Nazareno". (Mateus 2, 21-23)

7. José perde Jesus no templo, mas O encontra três dias depois entre os doutores da lei.

Nancy Bauer / Shutterstock

Seus pais iam todos os anos a Jerusalém para a festa da Páscoa. Tendo ele atingido 12 anos, subiram a Jerusalém, segundo o costume da festa. Acabados os dias da festa, quando voltavam, ficou o Menino Jesus em Jerusalém, sem que os seus pais o percebessem. Pensando que ele estivesse com os seus companheiros de comitiva, andaram caminho de um dia e o buscaram entre os parentes e conhecidos. Mas não o encontrando, voltaram a Jerusalém, à procura dele. Três dias depois o acharam no templo, sentado no meio dos doutores, ouvindo-os e interrogando-os. (Lucas 2, 41-46)

Renata Sedmakova / Shutterstock

Vitral de são José; igreja de São João Evangelista, em Banska Bela, Eslováquia.

Orações

A VÓS, SÃO JOSÉ

A vós, são José, recorremos em nossa tribulação e, depois de ter implorado o auxílio de Vossa Santíssima Esposa, cheios de confiança solicitamos o vosso patrocínio.

Por esse laço sagrado de caridade, que os uniu à Virgem Imaculada, Mãe de Deus, pelo amor paternal que tivestes ao Menino Jesus, ardentemente vos suplicamos que lanceis um olhar benigno para a herança que Jesus conquistou com seu sangue e nos socorrais em nossas necessidades com o vosso auxílio e poder.

Protegei, ó Guarda providente da Divina Família, a raça eleita de Jesus Cristo.

Afastai para longe de nós, ó Pai amantíssimo, a peste do erro e do vício.

Assisti-nos do alto do céu, ó nosso fortíssimo sustentáculo, na luta contra o poder das trevas; assim como outrora salvastes da morte a vida do Menino Jesus, assim também defendei agora a Santa Igreja de Deus contra as ciladas de seus inimigos e contra toda adversidade.

Amparai a cada um de nós com o vosso constante patrocínio, a fim de que, a vosso exemplo, e sustentados com vosso auxílio, possamos viver virtuosamente, morrer piedosamente e obter no Céu a eterna bem-aventurança. Assim seja.

PARA O TRABALHO

Ó glorioso são José, modelo de todos os que se consagram ao trabalho! Alcançai-me a graça de trabalhar com espírito de penitência, em expiação dos meus pecados; de trabalhar com consciência, pondo o cumprimento do meu dever acima das minhas naturais inclinações; de trabalhar com agradecimento e alegria, olhando como uma honra o poder de desenvolver por meio do trabalho os dons recebidos por Deus. Alcançai-me a graça de trabalhar com ordem, constância, intensidade e presença de Deus sem jamais retroceder ante às dificuldades; de trabalhar, acima de tudo, com pureza de intenção e desapego de mim mesmo, tendo sempre diante dos meus olhos todas as almas e as contas que prestarei a Deus do tempo perdido, das habilidades inutilizadas, do bem omitido e das estéreis vaidades em meus trabalhos, tão contrárias à obra de Deus. Tudo por Jesus, tudo por Maria, tudo à vossa imitação, ó Patriarca são José! Este será o meu lema na vida e na morte. Amém.

AVE, Ó SÃO JOSÉ

Ave, ó são José, homem justo, esposo virginal de Maria, e pai davídico do Messias; bendito és tu entre os homens, e bendito é o Filho de Deus a que a ti foi confiado: Jesus.

São José, padroeiro da Igreja universal, guarda as nossas famílias na paz e na graça divina, e socorre-nos na hora da nossa morte. Amém.

LADAINHA DE SÃO JOSÉ

Senhor, tende piedade de nós.

Jesus Cristo, tende piedade de nós.

Senhor, tende piedade de nós.

Jesus Cristo, ouvi-nos.

Jesus Cristo, atendei-nos.

Pai Celeste que sois Deus, tende piedade de nós.

Filho Redentor do mundo que sois Deus, tende piedade de nós.

Espírito Santo que sois Deus, tende piedade de nós.

Santíssima Trindade que sois um só Deus, tende piedade de nós.

Santa Maria, rogai por nós.

São José, rogai por nós.
Ilustre filho de Davi, rogai por nós.
Luz dos Patriarcas, rogai por nós.
Esposo da Mãe de Deus, rogai por nós.
Casto guarda da Virgem, rogai por nós.
Sustentador do Filho de Deus, rogai por nós.
Zeloso defensor de Jesus, rogai por nós.
Chefe da Sagrada Família, rogai por nós.
José justíssimo, rogai por nós.
José castíssimo, rogai por nós.
José prudentíssimo, rogai por nós.
José fortíssimo, rogai por nós.
José obedientíssimo, rogai por nós.
José fidelíssimo, rogai por nós.
Espelho de paciência, rogai por nós.

Amante da pobreza, rogai por nós.
Modelo dos trabalhadores, rogai por nós.
Honra da vida de família, rogai por nós.
Guarda das virgens, rogai por nós.
Amparo das famílias, rogai por nós.
Consolação dos infelizes, rogai por nós.
Esperança dos doentes, rogai por nós.
Patrono dos moribundos, rogai por nós.
Terror dos demônios, rogai por nós.

Cordeiro de Deus que tirais os pecados do mundo, perdoai-nos Senhor.

Cordeiro de Deus que tirais os pecados do mundo, ouvi-nos Senhor.

Cordeiro de Deus que tirais os pecados do mundo, tende piedade de nós.

V. Ele o constituiu Senhor da sua casa.
R. E o fez príncipe de todos os seus bens.

Oremos. Ó Deus, que por inefável Providência Vos dignastes escolher a são José por esposo de Vossa Mãe Santíssima, concedei-nos, nós Vos pedimos, que mereçamos ter por intercessor no Céu o que veneramos na Terra como protetor. Vós que viveis e reinais por todos os séculos dos séculos. Amém.

EM PREPARAÇÃO PARA A SANTA MISSA

São José, varão feliz, que tivestes a dita de ver e ouvir o próprio Deus, a quem muitos reis quiseram ver e não viram, ouvir e não ouviram; e não só ver e ouvir, mas ainda trazê-lo em vossos braços, beijá-lo, vesti-lo e guardá-lo!

V. Rogai por nós, bem-aventurado são José.

R. Para que sejamos dignos das promessas de Cristo.

Oremos. Ó Deus, que nos concedestes o sacerdócio real, nós Vos pedimos que, assim como são José mereceu cuidar e trazer em seus braços com carinho o vosso Filho unigênito, nascido da Virgem Maria, façais que nós Vos sirvamos com coração limpo e boas obras, de modo que hoje recebamos dignamente o sacrossanto Corpo e Sangue do vosso Filho, e na vida futura mereçamos alcançar o prêmio eterno. Amém.

APÓS A SANTA MISSA

Ó glorioso são José, Pai e protetor das virgens, guarda fiel a quem Deus confiou Jesus, a própria inocência, e Maria, Virgem das virgens! Em nome de Jesus e de Maria, este duplo tesouro que vos foi tão caro, vos suplico que me conserveis livre de toda a impureza, para que, com alma pura e corpo casto, sirva sempre, fielmente, a Jesus e a Maria. Amém.

Bibliografia

BENTO XV. Encíclica *Bonum sane*, 1920.

BRANDÃO, padre Ascânio. *São José*. Niterói: Escolas Profissionais Salesianas, 1943.

GASNIER, Michel. *José, o silencioso*. São Paulo: Quadrante, 1995.

JOÃO Paulo II. Exortação apostólica *Redemptoris custos*, 1989.

LEÃO XIII. Encíclica *Quamquam pluries*, 1889.

MESCHLER, padre Maurício. *São José na vida de Cristo e da Igreja*. Rio de Janeiro, 1943.

PIO IX. Decreto *Quemadmodum Deus*, 1870.

Coordenação do projeto: Petra Editora

Direção editorial
Daniele Cajueiro

Editor responsável
Hugo Langone

Produção
Adriana Torres
Mônica Surrage

Produção editorial: Obá Editorial

Supervisão editorial
Diego Rodrigues

Editor assistente
Leonardo do Carmo

Assistente editorial
Eugênia Souza

Projeto gráfico
Carol Ohashi

Diagramação
Carol Ohashi e Bruna Marchi

Revisão
Débora Teodoro e Marina Bernard

Imagem de capa
Renata Sedmakova / Shutterstock

Este livro foi impresso em 2016, para a Petra.
A fonte usada no miolo é Adobe Garamond Pro, 14/24.
O papel do miolo é offset 90g/m², e o da capa é cartão 250g/m².